Pregunta esencial
¿Cómo conocer mejor a los animales para respetarlos?

Gatos africanos

Vanessa York

Introducción

Puedes encontrar miembros de la familia del gato en todo el mundo. Los gatos, de cualquier **especie**, son sorprendentes.

Estos animales tienen características especiales que los hacen excelentes cazadores. Casi todos tienen garras **retráctiles**. Tienen una visión aguda. Sus músculos les permiten carreras cortas a gran velocidad. Son potentes saltadores y trepadores.

Los gatos de todas las especies son excelentes cazadores.

Tal vez los gatos más fascinantes se encuentran en África. Es el hogar de una variada fauna, como leones, leopardos y guepardos. También hay gatos más pequeños, como servales, caracales y gatos dorados.

Un guardabosque observa una familia de leones que duermen a la sombra.

Territorio de los gatos africanos

África

Lugar donde viven leones, leopardos, guepardos, servales, caracales y gatos dorados.

3

Capítulo 1

Gatos y más gatos

Los leones y los leopardos son gatos africanos grandes. Los gatos grandes se ven y actúan como la mayoría de los otros gatos. Sin embargo, solo los gatos grandes pueden rugir.

Leones

El rugido de un león es muy fuerte. ¡Se puede oír a casi cinco millas de distancia! Los leones viven en grupos familiares llamados manadas. Las hembras usualmente se quedan con su familia toda la vida. Sin embargo, los machos jóvenes se van del grupo familiar. Pueden dominar otra manada si luchan y vencen a otro macho. O pueden vivir en pequeños grupos con otros machos.

En general, hay cerca de 15 leones en una manada.

4

Los leones suelen cazar cebras y otros animales grandes.

Los leones, en general, viven en la **sabana**. El **territorio** de una manada puede abarcar hasta 100 millas cuadradas. La defensa de este territorio le corresponde a los machos. La provisión de alimento para la manada es tarea de las hembras.

Las leonas trabajan juntas para atrapar a las **presas**. Una leona lidera la cacería. Se acerca todo lo posible antes de atacar. Las otras la siguen. Pero la cacería exige mucho esfuerzo. Los leones atrapan solamente uno de cada cinco animales que acechan. También roban las presas de otros animales.

Leopardos

Los leopardos son los más pequeños de los gatos grandes. Les gusta vivir en las selvas y cerca de los ríos. Viven solos y prefieren cazar de noche. Sus manchas les permiten mezclarse entre hojas o pastos largos. Por eso, son muy buenos para atrapar presas desprevenidas.

Los leopardos son grandes trepadores. Les gusta dormir sobre los árboles.

Estado de conservación d
leopardo

Extinto

Amenazado

► Casi amenazado

Preocupación menor

Los leopardos nunca se quedan en un mismo lugar por mucho tiempo, salvo que una hembra tenga cachorros. Las hembras crían solas a sus cachorros. Estos se quedan con su madre hasta los dos años aproximadamente.

Las manchas del leopardo se llaman rosetas.

Lenguaje corporal del leopardo

El lenguaje corporal es una de las maneras en que se comunican los gatos. Se puede saber qué está pensando un gato mirando su cola.

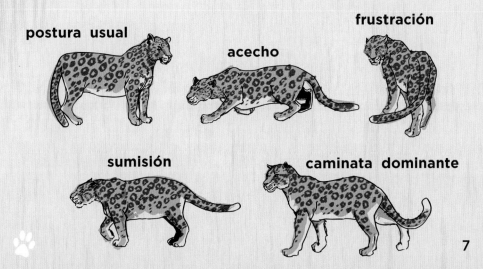

postura usual

acecho

frustración

sumisión

caminata dominante

Guepardos

Los guepardos son veloces. Son capaces de pasar de 0 a 60 millas por hora en apenas tres segundos. Por eso son los mamíferos terrestres más veloces. ¡Pueden correr más rápido que muchos carros! Tienen la cabeza pequeña y las patas largas. Esto los ayuda a correr velozmente. Solo parte de las garras son retráctiles. Esto les da una buena tracción al correr.

Los guepardos necesitan beber cada dos o tres días solamente.

Estado de conservación del **guepardo**

Extinto

Amenazado

► Casi amenazado ◄

Preocupación menor

Los guepardos acechan presas como las gacelas. Cuando la presa está a unos 60 pies de distancia, comienzan a correr para atraparla. Los guepardos solo pueden correr por poco tiempo. Si no atrapan a su presa rápido, se dan por vencidos.

Los guepardos son poderosos por su velocidad, no por su fuerza.

AHORA COMPRUEBA

¿Cuál gato grande vive en grupos familiares numerosos?

Adaptado para la velocidad

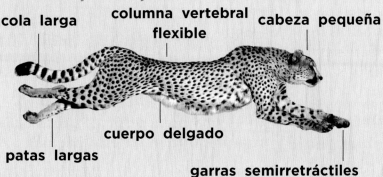

cola larga

columna vertebral flexible

cabeza pequeña

cuerpo delgado

patas largas

garras semirretráctiles

Capítulo 2

Pequeños gatos grandes

Los pequeños gatos grandes son mucho más pequeños que los leones y los leopardos. ¡Pero son mucho más grandes que los gatos que tenemos <u>en</u> el hogar!

Servales

Los servales son gatos de tamaño mediano, con manchas. Tienen cabezas pequeñas con orejas grandes. Su audición es excelente. Las ratas son sus presas principales. También cazan liebres, reptiles, insectos y peces.

Las orejas grandes de los servales los ayudan a oír a sus presas.

Detective del lenguaje	**En** es una preposición. ¿Puedes hallar otra preposición en esta página?

Fuse/Getty Images

Los servales pueden saltar hasta 12 pies de altura desde un lugar fijo. Se abalanzan sobre sus presas. También saltan para atrapar aves.

Los cachorros de los servales son criados por su madre. Ella satisface todas sus necesidades hasta que tienen un año aproximadamente. Los servales prefieren vivir en la sabana. También habitan en zonas rocosas o en las selvas.

El serval cae sobre su presa con gran fuerza.

Estado de conservación del
serval

Extinto

Amenazado

Casi amenazado

► Preocupación menor ◄

charles holder/Alamy

Gatos dorados africanos

Los gatos dorados africanos son muy huraños. Viven en las selvas espesas. A los científicos les resulta difícil estudiarlos en su **hábitat** natural.

No es frecuente ver a los gatos dorados africanos en su hábitat natural.

Caracales

Los caracales son gatos de tamaño mediano. El hábitat preferido de los caracales es la zona semidesértica. También viven en las sabanas y las selvas. Los caracales se destacan por su destreza para cazar aves.

Los caracales son increíbles cazadores.

AHORA COMPRUEBA

¿Cómo atrapan los servales a sus presas?

Estado de conservación del **caracal**

Extinto

Amenazado

Casi amenazado

►Preocupación menor◄

Conclusión

Los gatos africanos están amenazados. La mayor amenaza es la pérdida de su hábitat. Los requisitos para la vida moderna, como los caminos y las granjas, dejan menos lugar a la vida silvestre. La caza ilegal también es un problema en algunos lugares. Los gatos grandes podrían estar en peligro de extinción muy pronto.

Existen áreas protegidas en muchos lugares de África. Fuera de esas áreas, los leopardos, servales y guepardos corren peligro. Los cazadores los matan por su piel o como deporte. En ocasiones, los agricultores los matan para proteger a sus animales.

Detective del lenguaje — Halla un gentilicio en esta página. ¿Por qué empieza con minúscula?

Muchas personas están trabajando para proteger los hábitats de los gatos africanos. También intentan enseñar a las personas sobre la importancia de estos animales. Los gatos africanos tienen características asombrosas que merecen nuestro respeto. Debemos hacer lo posible para que estos animales fabulosos sobrevivan.

Un guardabosque controla el ritmo cardíaco de un guepardo joven.

14

Respuesta a la lectura

Resumir

Usa detalles del texto para resumir *Gatos africanos*. Usa el diagrama como ayuda.

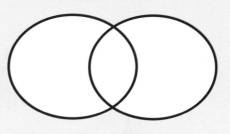

Evidencia en el texto

1. ¿Cómo sabes que *Gatos africanos* es un texto expositivo? Identifica las características del texto. GÉNERO

2. ¿Cuáles son dos de las diferencias entre los leones y los leopardos? COMPARAR Y CONTRASTAR

3. ¿Qué significa la palabra *provisión* en la página 5? Usa las claves en el párrafo como ayuda para hallar el significado. CLAVES DE CONTEXTO

4. Escribe un párrafo que compare los servales y los leopardos. ¿En qué se parecen? ¿En qué se diferencian? ESCRIBIR SOBRE LA LECTURA

Comparar los textos

Lee acerca de cómo Leopardo se convirtió en un mejor cazador.

Leopardo obtiene sus manchas

Hace mucho tiempo, Leopardo era todo amarillo, como la sabana donde vivía. Cuando iba de caza, podía ocultarse en el pasto.

Jirafa y Cebra eran las presas preferidas de Leopardo. No sabían cómo evitar el salto de Leopardo.

Por un largo tiempo, pensaron seriamente qué podían hacer. Por fin, decidieron mudarse a la selva.

Cebra trotó hacia las sombras de los árboles. Jirafa la siguió a un ritmo más lento. Se sintieron a salvo.

Pero no se sintieron a salvo por mucho tiempo. Leopardo las siguió a la selva. Por su color amarillo, Leopardo resaltaba como un girasol entre las sombras. Cebra y Jirafa lo veían cada vez que se acercaba y huían corriendo. Leopardo estaba muy hambriento.

Finalmente, Leopardo le pidió a un hombre que lo ayudara. Le explicó su problema y el hombre tuvo una idea. Sumergió los dedos en tinta negra y pintó manchas sobre todo el pelo amarillo de Leopardo.

Ahora Leopardo se mezclaba entre las sombras de la selva y la sabana. Jamás había sido tan buen cazador. Pronto estuvo bien alimentado.

Haz conexiones

¿Qué cualidades de los gatos hacen que los admires o respetes? PREGUNTA ESENCIAL

Por lo que leíste en *Gatos africanos*, ¿qué partes de *Leopardo obtiene sus manchas* son reales? EL TEXTO Y OTROS TEXTOS

Glosario

especie grupo de seres vivos que tienen muchas características en común *(página 2)*

hábitat área donde un animal vive naturalmente *(página 12)*

presa animal que es cazado por otro animal como alimento *(página 5)*

retráctil capaz de extenderse y contraerse, como las garras de un gato *(página 2)*

sabana llanura cubierta de pasto *(página 5)*

territorio gran área de tierra; región *(página 5)*

Índice

Enfoque:
Ciencias

Propósito Comprender que los seres vivos necesitan las condiciones apropiadas para crecer

Paso a paso

Paso 1 ▶ Llena tres recipientes pequeños con tierra.

Paso 2 ▶ Planta semillas, como de zapallo, girasol o frijoles, en cada recipiente.

Paso 3 ▶ Coloca un recipiente en un lugar cálido y soleado, otro donde reciba un poco de sol y otro en un armario.

Paso 4 ▶ Riega las semillas todos los días. Anota qué semillas crecen mejor.

	Cálido y soleado	Un poco de sol	En un armario
Día 1			
Día 2			
Día 3			

Conclusión ¿Qué aprendiste sobre las semillas?